I0817990

ASIA GWIS

EL LIBRO DE LOS MONOS

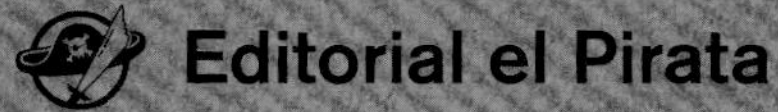
Editorial el Pirata

Tití emperador
Tití cabeciblanco
Los monos vivimos en libertad en cuatro continentes: América, África, Asia y Europa.
AMÉRICA
Tití león dorado
Mono araña de cabeza negra
Coatá negro
Tití común

EL PLANETA DE LOS SIMIOS
¿DÓNDE VIVEN LOS SIMIOS?
Soy el único mono que vive en Europa. Vivo en el peñón de Gibraltar.
Mona de Gibraltar
Babuino hamadryas
ÁFRICA
Langur gris
ASIA
Langur marrón
Gorila
Mono patas
Mono azul
Mangabey gris
Diana
¡BIENVENIDO A NUESTRO MUNDO!
Descubrirás cómo vivimos, qué comemos, dónde nos gusta pasar el tiempo y cuáles son nuestras costumbres...
Dril

LA COMUNICACIÓN DE LOS SIMIOS

Los monos del viejo mundo viven en África y Asia, y no tienen la cola prensil. Sin embargo, algunos la utilizan para comunicarse. Los del nuevo mundo son los de América y sí que pueden sujetar cosas con la cola. Los humanos somos simios humanoides. No tenemos cola, como los gorilas o los chimpancés.

HOLA, ¿QUÉ TAL?

Los cercopitecos, familia de monos del viejo mundo, se tocan con la nariz para saludarse.

Desparasitarse los unos a los otros es una costumbre importante. De esta manera, los monos se transmiten simpatía y cariño, como estos dos babuinos.

MÁS FUERTES JUNTOS

Al lado del abrevadero hay que estar atento y vigilar si se acerca algún enemigo peligroso. Por eso, los monos forman alianzas. Este colobo lo tiene todo bajo control mientras otros cercopitecos sacian su sed.

FAMILIA Y AMIGOS

Los monos son muy sociables. Suelen vivir en grupos familiares llamados **MANADAS**. El pequeño mono ardilla se cría entre numerosos primos, tíos, amigos y conocidos.

A los **monos ardilla** pequeños les encantan los juegos y las travesuras, como a todos los niños.

¡ATENCIÓN! ¡ATENCIÓN! ¡A REFUGIARSE!

Cuando los demás monos descansan, el macho más mayor está alerta. Si es necesario, avisa del peligro a la manada emitiendo sonidos amenazadores.

Uakarí
Cuanto más rojo el rostro, más éxito entre las hembras tiene el señor uakarí.
Cercopiteco de hocico azul
Tití emperador
Mandril
Los mandriles macho no solo son los más coloridos de los monos, sino también unos de los mamíferos más vistosos.
Tití león dorado

Mono narigudo
Cercopiteco de Brazza
El mono narigudo adulto puede presumir de una nariz impresionante ¡de hasta diez centímetros!
Sileno
Sakí carablanco
Langur chato dorado
Cercopiteco de orejas rojas
Siamang
Cuando este siamang emite sonidos, se le infla el saco del cuello, y le llega a medir lo mismo que la cabeza.
¡PECULIARES!

¡ARRIBA...

Algunas especies, como el guereza, el duc, el mono lanudo gris o el mono aullador, viven en las copas de los árboles.

La familia de monos de los **gibones** hemos aprendido a la perfección el arte de vivir en las alturas. Corremos sobre dos patas, saltamos entre las ramas y nos colgamos de ellas como unos acróbatas.

... O ABAJO?

El **gureza abisinio** es el campeón de salto de longitud. ¡Salta sin problema quince metros entre rama y rama!
Mono aullador rojo
Geladas
Durante el día, las **geladas** corretean por las praderas. Por la noche, vuelven a sus dormitorios, en los salientes de los acantilados.
Mandril
Gorila
Los **monos capuchinos** bajan al suelo para buscar comida y agua. El resto del tiempo lo pasan entre las ramas más altas.
Los **gorilas** se sienten más seguros en el suelo. Se levantan a primera hora de la mañana y buscan el desayuno. Cuando ya tienen el estómago lleno, se echan una siesta. Después almuerzan y vuelven a acostarse...

En la India, los langures
son venerados y respetados.
Por eso, se sienten seguros
entre los humanos.

LOS MONOS EN LA CIUDAD

No todos los monos se esconden en lo alto de los árboles. A la especie asiática llamada «langur» le gusta la compañía de la gente. Viven en ciudades y en pueblos del norte de la India. Se pueden ver concentrados en grandes grupos en las plazas, en los tejados y encima de los coches.

¿QUÉ COMEN LOS MONOS?

Langur
oscuro
Para conseguir comida,
los **monos capuchinos**
utilizan herramientas sencillas
como palos o piedras. Son unos
animales muy listos.
El **macaco cangrejo,**
un buen nadador y buceador,
a veces escoge marisco
para comer.
Mono ardilla,
llamado también mono calavera

Soy un titί pigmeo,
el mono más pequeño del mundo.
Me encanta trepar por los árboles.
¡En la selva amazónica, donde vivo,
puedo hacerlo todo el día!
TITÍ
PIGMEO
longitud: 12-16 cm
peso: hasta 100 g
Yo soy un mandril,
y puede que no sea tan grande
como mis primos gorilas, ¡pero tampoco
soy de los más pequeños!
longitud: 75-95 cm
peso: hasta 35 kg
PEQUEÑOS

GORILA
longitud: 150-180 cm
peso: hasta 160 kg
170 cm
180 cm
Los gorilas son unos verdaderos gigantes y los monos más grandes del planeta.
¡Incluso son más altos que algunas personas!
GRANDES

Aquí están los tres monos sabios

Kikazaru se tapa los oídos y no oye nada malo, Iwazaru se tapa la boca y no puede decir nada malo, y el pequeño Mizaru se tapa los ojos y no ve nada malo.

LOS SENTIDOS

Los tres monos sabios representan un antiguo proverbio japonés que nos enseña a evitar el mal.

Los **monos** son unos glotones. Los cercopitecos se guardan la comida para más tarde en unas bolsas especiales que tienen en las mejillas. ¡Son tan grandes como sus estómagos!

OÍDO

Los **gibones** saben cantar muy bien. Suelen cantar en dúos; es decir, en parejas. Pero parece que a esta señora gibona no le hace mucha gracia que le canten por la noche.

VISTA

Además del oído, la **vista** es el sentido más desarrollado de los monos. Pueden ver desde lejos el peligro y advertir al resto de la manada. También distinguen los colores, lo que les facilita la búsqueda de la comida.

TACTO

Al igual que los humanos, los monos necesitan caricias y abrazos.

LOS MONOS DE LA NIEVE

AMISTAD
Los macacos son simpáticos, sociables y muy dóciles. Les resulta fácil hacer amigos; por ejemplo, con los ciervos sika.
VIAJES
Los sika dejan que los macacos viajen sobre sus lomos. A cambio, los monos les traen comida y cuidan de su pelaje.
Lavo el boniato en el océano. Gracias a ello, no está cubierto de arena y tiene un sabor salado muy rico.

¡Es la hora del almuerzo!
Me da igual si hace mucho sol o si llueve. ¡Tengo un superparaguas!
La palabra *orangután* significa **'persona del bosque'.**

LA GENTE DEL BOSQUE

Los **orangutanes** viven en la lejana Asia, en las islas de Borneo y Sumatra. Son unos animales muy amistosos e inteligentes. Les gusta estar en las copas de los árboles, donde hacen unas acrobacias impresionantes.

Los machos adultos van acumulando la grasa en las mejillas, que se parecen a unos platos grandes y oscuros.

Las **mamás** orangutanas quieren mucho a sus hijos. Los cuidan durante varios años.

DORMITORIOS EN LAS RAMAS
En lo alto de los árboles, los chimpancés construyen nidos de ramas y hojas donde duermen y descansan.
Los **chimpancés** son muy inteligentes. ¡Incluso comen con un palo!, que les sirve de cuchara, para sacar las ricas termitas escondidas en las termiteras.

¿CHIMPANCÉ O BONOBO?

Los **bonobos** son tranquilos y dóciles. Se dice que prefieren amar que luchar. Eso los diferencia de los chimpancés comunes.

Los **monos chatos**, especie misteriosa descubierta hace unos años en Birmania y China, estornudan cuando llueve, porque el agua les entra en sus narices respingadas.
El **mono aullador**, conocido por sus alardes vocales, tiene la voz más potente de todos los animales del planeta. ¡Su aullido es tan fuerte que puede ensordecer el ruido del motor de un avión!
Los **monos capuchinos** reconocen su reflejo en el espejo. También pueden pintar cuadros.

La mayoría de las especies descritas en este libro se encuentran en peligro de extinción debido a la actividad humana. Eso quiere decir que, si no cambiamos nuestro comportamiento, en menos de veinte años a muchos de esos preciosos animales los podremos ver solo en las fotografías o en las películas.

Por ejemplo, los **orangutanes** pierden sus casas porque para cultivar palmas aceiteras se talan las selvas tropicales donde viven.

¿QUÉ PUEDES HACER TÚ? ¡Bastante! Pide a tus padres que al hacer la compra siempre miren la lista de ingredientes de los dulces o cosméticos y elijan productos que no contengan aceite de palma o que estén elaborados con aceite de palma procedente de plantaciones certificadas.

¡ATLETAS!
Un gorila adulto es un verdadero atleta. Puede levantar fácilmente hasta tres leones.
Las manadas pueden ser de hasta treinta gorilas. Todos son hembras y crías excepto el líder, con el lomo plateado, que es el mayor y más grande.

¿RELAJARSE
EN EL CÉSPED O
EN UNA RAMA?
Aunque los gorilas pueden subir a los árboles, prefieren descansar en el suelo.
EL GIGANTE
AFRICANO
¡Los gorilas son los homínidos más grandes del mundo! Viven en África y comparten un 98 % del ADN con los humanos.

MONOS NOCTURNOS
Mono nocturno de tres rayas
Una cavidad en el árbol es un lugar perfecto para formar el hogar.
Mono nocturno caribeño
Los **monos nocturnos** tienen ojos muy grandes que les permiten ver en la oscuridad para poder cazar pequeños insectos y buscar su comida favorita.

Cuando los demás monos se van a dormir tras un día lleno de aventuras, nos despertamos nosotros, los **monos nocturnos.** Vivimos en los bosques de las zonas montañosas de América Central y América del Sur.
Mono nocturno panameño

EL LIBRO DE LOS MONOS

Primera edición: febrero, 2025

Título original: W świecie małp

Publicado gracias al acuerdo con Wydawnictwo Nasza Księgarnia Sp. z o.o.
Revisión de contenido: Dr. hab. Maciej Trojan

© Editorial el Pirata, 2025
Sabadell (Barcelona)
info@editorialelpirata.com
editorialelpirata.com

Con el apoyo de

ISBN: 978-84-19898-35-7
Depósito legal: B 2350-2024
Impreso en China

Síguenos en
@editorial_elpirata